BEI GRIN MACHT SICH IHR
WISSEN BEZAHLT

AF155086

- Wir veröffentlichen Ihre Hausarbeit,
  Bachelor- und Masterarbeit

- Ihr eigenes eBook und Buch -
  weltweit in allen wichtigen Shops

- Verdienen Sie an jedem Verkauf

Jetzt bei www.GRIN.com hochladen
und kostenlos publizieren

Mona Bieber

Integrationsprojekte - Positionierung auf dem Arbeits-markt und Gegenüberstellung von Vor- und Nachteilen für Arbeitnehmer, Arbeitgeber und den Staat

GRIN Verlag

Bibliografische Information der Deutschen Nationalbibliothek:

Die Deutsche Bibliothek verzeichnet diese Publikation in der Deutschen National-
bibliografie; detaillierte bibliografische Daten sind im Internet über http://dnb.d-
nb.de/ abrufbar.

Impressum:

Copyright © 2010 GRIN Verlag GmbH
Druck und Bindung: Books on Demand GmbH, Norderstedt Germany
ISBN: 978-3-640-79661-8

Dieses Buch bei GRIN:

http://www.grin.com/de/e-book/163576/integrationsprojekte-positionierung-auf-
dem-arbeitsmarkt-und-gegenueberstellung

Integrationsprojekte

Positionierung auf dem Arbeitsmarkt und Gegenüberstellung von Vor- und Nachteilen für
Arbeitnehmer, Arbeitgeber und den Staat

Inhaltsverzeichnis

Integrationsprojekte

Positionierung auf dem Arbeitsmarkt und Gegenüberstellung von Vor- und Nachteilen für
Arbeitnehmer, Arbeitgeber und den Staat

1. Einleitung

In den letzten 30 Jahren sind neue Ideen zur Beschäftigung schwerbehinderter Menschen
entwickelt worden, eine hiervon sind Integrationsprojekte.

Integrationsprojekte sind mittlerweile schon weit verbreitet, doch wissen viele Menschen
immer noch nicht genau was das bedeutet, welche Angebote schon geschaffen wurden
und was Sie von solchen Projekten halten sollen.

In dieser Facharbeit soll das Thema der Positionierung auf dem Arbeitsmarkt und die
Gegenüberstellung von Vor- und Nachteilen für Arbeitnehmer, Arbeitgeber und den Staat
aufgegriffen werden.

Oberstes Ziel ist die Sensibilität der Bevölkerung für solche Projekte zu schärfen, denn
erst wenn man weiß, wo diese anzufinden sind und was für Chancen daraus entstehen,
kann man mit offenen Augen solche Projekte entdecken und auch unterstützen.

In Integrationsprojekten wird der wirtschaftliche Gedanke mit dem sozialen Anliegen
Menschen mit einer Behinderung eine Chance im Arbeitsleben zu geben, miteinander
verbunden.

Doch wo stehen diese Projekte genau? Wo sind diese auf dem Arbeitsmarkt anzusiedeln?
Sind es subventionierte, non-profit Unternehmen? Und welche Auswirkungen haben Sie
auf alle oben genannten Beteiligten?

Zur Einführung in das Thema werden zu Beginn die drei folgenden Begriffe:
Integrationsprojekt, Arbeitsmarkt und Fördermöglichkeiten näher erklärt.
Anschließend wird auf die Vor- und Nachteile für alle Beteiligten eingegangen. Erstens
die Arbeitnehmer – wobei auf Grund der Kürze dieser Facharbeit nur Arbeitnehmer mit
einem Handicap bzw. einer Behinderung betrachtet werden können – Arbeitnehmer ohne
Behinderung werden hier nicht berücksichtigt, zweitens Arbeitgeber und drittens der
Staat.
Im Anhang sind noch einige interessante Links zum Thema aufgeführt. Zum Einen einige
Praxisbeispiele und zum Anderen Internetseiten, auf denen man sich bei Interesse noch
tiefer in die Thematik einlesen kann.

Um den Lesefluss nicht zu erschweren, wird auf die Unterscheidung zwischen der
männlichen und weiblichen Schreibweise verzichtet.

2. Begriffsdefinitionen

Zum besseren Verständnis werden im Folgenden, die für diese Arbeit relevanten Begriffe – Integrationsprojekt, Arbeitsmarkt und Fördermöglichkeiten – genauer definiert.

2.1 Integrationsprojekt

Laut SGB IX § 132 sind Integrationsprojekte: „rechtlich und wirtschaftlich selbstständige Unternehmen oder unternehmensinterne oder von öffentlichen Arbeitgebern im Sinne des §71 Abs.3 geführte Betriebe oder Abteilungen zur Beschäftigung schwerbehinderter Menschen auf dem allgemeinen Arbeitsmarkt, deren Teilhabe an einer sonstigen Beschäftigung auf dem allgemeinen Arbeitsmarkt auf Grund von Art und Schwere der Behinderung [...] auf besondere Schwierigkeiten stößt."[1] Es müssen mindestens 25 Prozent und maximal 50 Prozent schwerbehinderte Arbeitnehmer beschäftigt werden, die Höchstmarke von 50 Prozent ist auch ausschlaggebend für die Anerkennung einer gemeinnützigen GmbH.

Nach § 132, Absatz 2 SGB IX sind in einem Integrationsprojekt folgende Menschen als schwerbehinderte Arbeitnehmer einzuordnen:

1. Menschen mit geistiger, seelischer, körperlicher, Sinnes oder einer mehrfachen Behinderung, die sich im Arbeitsleben besonders nachteilig auswirkt
2. Personen die den Übergang auf den allgemeinen Arbeitsmarkt schaffen sollen
3. Personen die nach der schulischen Laufbahn eine Weiterqualifikation machen müssen, um anschließend Chancen auf eine Vermittlung im allgemeinen Arbeitsmarkt zu haben.[2]

Integrationsprojekte werden rechtlich dem allgemeinen Arbeitsmarkt zugeordnet, stellen aber tatsächlich eine Zwischenstation zwischen Werkstätten für Menschen mit einer Behinderung und dem ersten Arbeitsmarkt dar. Aufgrund des geschützten Rahmens, können die Menschen sich entfalten und Sicherheit in den einzelnen Bereichen erlangen. Trotzdem muss aufgrund der wirtschaftlichen Situation jeder Mitarbeiter seine Arbeit so gut, so schnell und so professionell wie möglich verrichten. In Integrationsprojekten wird aber die Unterstützung ermöglicht, die Menschen mit einer Behinderung benötigen.

---

[1] SGB IX, § 132
[2] Vgl. Kleusch, Monika; 2005, S. 20f

– Ein Beispiel aus der Praxis sind Arbeitsassistenten, die in der Freizeit Arbeitsabläufe üben und individuelle Hilfsmittel entwickeln, wie z.b. ein Brett das hilft das Besteck gerade am Tisch eindecken zu können, da der Mitarbeiter auf Grund einer Sehbehinderung ohne dieses Hilfsmittel, diese Arbeit nicht verrichten könnte –

Hier beginnt der Spagat, denn Integrationsprojekte müssen zeigen, dass wirtschaftlicher Erfolg, sowie Wettbewerbsfähigkeit & Rentabilität und soziales Engagement keine Gegensätze sind, dies ist nicht immer leicht umzusetzen, aber durch den Ausgleich und die Förderungsleistungen (siehe 2.3) kann dies erreicht werden.

Eine Zahl aus dem Jahr 2008 besagt, dass es schon 508 branchenübergreifende Integrationsprojekte in Deutschland gibt, bis heute ist diese Zahl weiter gestiegen.[3]

Ein weiterer Punkt ist, dass Integrationsprojekte nicht mit Ihrem Konzept werben wollen, sondern sich auf dem Markt als normales Unternehmen positionieren, hierbei zählt in erster Linie Qualität, (Dienst-)Leistung, Kundenzufriedenheit und der Preis. Viele Kunden sehen erst auf den zweiten Blick, dass es sich um ein Integrationsprojekt handelt und sind i.d.R. positiv überrascht.

Die einzelnen Integrationsprojekte findet man auch nicht unter Stichpunkten wie Name + Integrationsprojekt, sondern Sie können nur über den Firmennamen bzw. den Ort, sowie der Branche in dem das Integrationsprojekt angesiedelt ist, gefunden werden.

Branchen sind vor allem Gastronomie, Reinigung, IT-Branche und Einzelhandel. In Punkt 5 sind einige interessante Links zu Integrationsprojekten aufgelistet, hier wird deutlich dass man die Projekte nicht „sofort" erkennt – denn alle Webadressen haben neutrale Namen.

---

[3] Vgl. Ernst, Karl-Friedrich; Wolf, Sabine; 2009, S. 22

2.2 Arbeitsmarkt

In diesem Kapitel soll der Unterschied zwischen dem ersten und zweiten Arbeitsmarkt deutlich gemacht werden. Viele kennen den Ausdruck »zweiter Arbeitsmarkt« gar nicht, denn generell wird vom ersten Arbeitsmarkt gesprochen – hier basiert alles auf dem Zusammentreffen von Angebot und Nachfrage der Arbeitskraft.

Der Unterschied zwischen erstem und zweitem Arbeitsmarkt wird in folgendem Absatz deutlich: »Es wird unterschieden zwischen 1. Arbeitsmarkt, der den betriebswirtschaftlich begründeten Bedarf nach Arbeitskräften von Unternehmen mit einer Nachfrage geeigneter freier Arbeitskräfte zusammenführt und 2. (staatlich geförderten) Arbeitsmarkt, der über arbeitsmarktpolitische Maßnahmen zusätzliche Anreize für Arbeitgeber schafft, Arbeitsplätze anzubieten, um damit einen Marktausgleich von Angebot und Nachfrage herbeizuführen.«[4]

Als erster Arbeitsmarkt wird der reguläre Arbeitsmarkt bezeichnet. Das heißt es wird ohne Zuschüsse in der freien Wirtschaft gearbeitet. Hinzu kommen noch Integrationsprojekte und Selbsthilfefirmen. Es werden sozialversicherungspflichtige Arbeitsverträge abgeschlossen.

Als zweiter Arbeitsmarkt wird an oberster Stelle die Werkstatt für Menschen mit Behinderung gesehen. Hier wird aufgrund Zuschüssen den Menschen eine Chance gegeben, die auf dem ersten Arbeitsmarkt keine Anstellung finden können. In diesem geschützten Rahmen wird vor allem im Lohn deutlich, dass dieser nur ein „Taschengeld" ist.

Wirtschaftlich gesehen, ist die Anstellung auf dem ersten Arbeitsmarkt auch für unser Wirtschaftssystem von Bedeutung, da aufgrund des besseren Gehalts auch eine höhere Kaufkraft der Menschen mit einer Behinderung entsteht.[5]

---

[4] www.arbeitsagentur.net/Arbeitsmarkt/arbeitsmarkt.html
[5] Vgl. http://de.wikipedia.org/wiki/Erster_Arbeitsmarkt

Integrationsprojekte
Positionierung auf dem Arbeitsmarkt und Gegenüberstellung von Vor- und Nachteilen für
Arbeitnehmer, Arbeitgeber und den Staat

2.3 Fördermöglichkeiten

Es gibt im Großen und Ganzen drei Fördermöglichkeiten von denen Integrationsprojekte
profitieren können. Diese werden wie folgt dargestellt.

2.3.1 Ausgleichsabgabe

Ausgleichsabgabe muss jeder Arbeitgeber an das Integrationsamt abführen, wenn diese
nicht ausreichend Plätze in ihrem Unternehmen für Menschen mit einer Behinderung
belegen.[6] Die Ausgleichsabgabe errechnet sich anhand folgenden Schlüssels:

Beschäftigungsquote in %	Höhe der Ausgleichsabgabe im Monat pro nichtbesetztem Arbeitsplatz
3 % bis 5 %	105 Euro
2 % bis 3 %	180 Euro
weniger als 2 %	260 Euro

Tabellendaten entnommen aus ABC Behinderung & Beruf S. 64

„Die Ausgleichsabgabe ist ein wichtiges Instrument, um die gleichberechtigte Teilhabe
schwerbehinderter Menschen am Arbeitsleben zu fördern. Sie hat eine Antriebs- und
Ausgleichsfunktion und dient vor allem dazu, Arbeitgeber zu motivieren,
schwerbehinderte Menschen zu beschäftigen. Die Zahl der sozialversicherungspflichtig
Beschäftigten ist weiter angestiegen und führt zu Mehreinnahmen bei der
Ausgleichsabgabe."[7]

Diese Gelder bilden den Grundstein für die Förderung von Menschen mit einer
Behinderung - Leistungen im Rahmen der Begleitenden Hilfen und Eingliederung im
Arbeitsleben. Alle Arbeitgeber, die die Beschäftigungsquote erreichen, bekommen Gelder
aus diesem Topf. Ebenfalls Integrationsprojekte, da Sie in höherem Maße Menschen mit
einer Behinderung einstellen, als „normale Betriebe".[8]

Die Höhe der Integrationspauschalen belaufen sich für ein unbefristetes Arbeitsverhältnis
auf 4000 Euro, für ein Befristetes auf 2000 Euro und für jeden Ausbildungsplatz bis zu
3000 Euro.[9]

2008 beliefen sich die Gesamtausgaben der Integrationsämter auf 342 Millionen Euro,
davon 45,94 Millionen Euro Leistungen an Integrationsprojekte.[10]

---

[6] Vgl. Adloch, U.; Ernst, K.; Dr. Seel, H.; Kuhlmann, E.; Wallmann, P., 2008 S. 15
[7] Ernst, Karl-Friedrich; Wolf, Sabine; 2009, S. 14
[8] Vgl. Adloch, U.; Ernst, K.; Dr. Seel, H.; Kuhlmann, E.; Wallmann, P., 2008 S. 15
[9] Vgl. Kleusch, Monika; 2009, S. 6
[10] Vgl. Ernst, Karl-Friedrich; Wolf, Sabine; 2009, S. 16

Integrationsprojekte
Positionierung auf dem Arbeitsmarkt und Gegenüberstellung von Vor- und Nachteilen für
Arbeitnehmer, Arbeitgeber und den Staat

2.3.2 Zuschüsse Aktion Mensch

Zu den oben genannten Fördergeldern kann man als gGmbH (Anforderungen siehe 2.2.1) auch Zuschüsse bei Aktion Mensch beantragen. Dazu gehören Gelder zur Investitionsförderung (Grundstücke, Bauten, Inventar, PKW und Kleinbusse), zur Starthilfeförderung und ganz zu Beginn zur Projektförderung. Diese Anträge werden geprüft und dann an das Integrationsprojekt ausgeschüttet. Der Höchstzuschuss einschließlich einer ggf. bewilligungsfähigen Verwaltungskostenpauschale beträgt maximal 250.000 € je Vorhaben für den gesamten Förderzeitraum von 60 Monaten.[11]

2.3.3 Zuschüsse Agentur für Arbeit

Die Aufgaben der Agentur für Arbeit sind die Berufsberatung, Ausbildungsvermittlung, Arbeitsvermittlung und Vermittlung aus den Werkstätten für behinderte Menschen in den allgemeinen Arbeitsmarkt.

Es gibt verschiedene Zuschüsse von der Agentur für Arbeit. Zu Beginn wird in der Regel ein Zuschuss für eine befristete Probebeschäftigung gewährt, das bedeutet, dass drei Monate eine Kostenübernahme erfolgt. Bei der bestenfalls Übernahme des Menschen mit einer Behinderung, gibt es von der Agentur für Arbeit Eingliederungszuschüsse von bis zu 50 Prozent des vereinbarten Arbeitsentgeltes (12-24 Monate) nach § 222a SGB III.[12]

Ebenso können Arbeitsplätze barrierefrei bzw. an die Anforderungen des Menschen mit einer Behinderung an seinen Arbeitsplatz, umgebaut werden und durch die Agentur für Arbeit finanziert werden. Hierbei wird deutlich, dass die Gegebenheiten am Arbeitsplatz einen hohen Stellenwert bei der Arbeitsfähigkeit des Menschen mit einer Behinderung einnehmen – denn nur wenn dieser sich entfalten kann, zeigt er höchste Engagement und Motivation sein Arbeitsalltag bestmöglich zu gestalten.[13]

[11] http://foerderung.aktion-mensch.de/de/startseite/index.html
[12] Vgl. Adloch, U.; Ernst, K.; Dr. Seel, H.; Kuhlmann, E.; Wallmann, P., 2008 S. 273
[13] Vgl. Schmidt-Zadel, Regina, 2005, S. 7

Integrationsprojekte
Positionierung auf dem Arbeitsmarkt und Gegenüberstellung von Vor- und Nachteilen für
Arbeitnehmer, Arbeitgeber und den Staat

3. Vor- und Nachteile für die Beteiligten

In diesem Kapitel sollen die Vor- und Nachteile für alle Beteiligten in einem Integrationsprojekt aufgezeigt werden – zu Beginn die Nachteile und zum Abschluss die Vorteile.

3.1 Nachteile für alle Beteiligten

3.1.1 Nachteile für Arbeitnehmer

Ein großer Nachteil für die Arbeitnehmer ist, dass die Integrationsprojekte keinen Schutz bieten können, z.b. vor dem Arbeitsalltag – wie z.b. Überstunden, in der Gastronomie ungewöhnliche/unregelmäßige Arbeitszeiten und Stress.

In den Integrationsprojekten steht die Arbeit an erster Stelle, was die Arbeitnehmer in ihre Freizeit machen, spielt hier keine Rolle – das Privat-/Freizeitleben wird hier nicht, wie z.b. in den Werkstätten für Menschen mit einer Behinderung, in den Arbeitsalltag mit einbezogen.

Arbeitnehmer müssen auch selbstständig zur Arbeit kommen, es gibt keinen Fahrdienst oder ähnliches.

Wenn eine gewisse Grund-Selbstständigkeit nicht zutrifft, kann ein Mensch mit einer Behinderung nicht in einem Integrationsprojekt arbeiten.

3.1.2 Nachteile für Arbeitgeber

Als Arbeitgeber in einem Integrationsprojekt muss man die Balance finden, zwischen dem rauen Wind des harten Wettbewerbs und des sozialen Bedarfs. Hierbei dürfen die wirtschaftlichen Zahlen nie außer Acht gelassen werden, aber es hat weniger Auswirkung auf die Mitarbeiter Druck auszuüben, wie in einem normalen Unternehmen. Hier muss der Arbeitgeber eine individuelle Lösung finden, um seine Mitarbeiter ins gemeinsame Boot zu holen.

Für dieselbe Arbeit werden mehr Mitarbeiter benötigt und es muss eine Zusammenarbeit der Mitarbeiter mit und ohne Behinderung gefördert werden.

Zudem kann eine Kündigung eines Arbeitnehmers mit einer Behinderung durch den Arbeitgeber nur dann erfolgen, wenn das Integrationsamt der Kündigung zuvor zugestimmt hat. Ohne diese ist die Kündigung durch den Arbeitgeber unwirksam.

Integrationsprojekte
Positionierung auf dem Arbeitsmarkt und Gegenüberstellung von Vor- und Nachteilen für
Arbeitnehmer, Arbeitgeber und den Staat

Arbeitnehmer mit einer Behinderung haben Anspruch auf zusätzlich 5 Tage Zusatzurlaub.[14]

Bei Arbeitgebern in einer gGmbH steht als Unternehmensziel die berufliche-soziale Integration. Gewinne werden nicht ausgeschüttet sondern werden in den Betrieb reinvestiert.[15]

3.1.3 Nachteile für den Staat

Der einzige Nachteil für den Staat könnte sein, dass in Integrationsprojekten nicht alle Menschen mit einer Behinderung arbeiten können und der Schutz für die Schwächeren wegfällt. Ein Sozialstaat braucht beide Systeme: Zum einen die Werkstatt für Menschen mit Behinderung und zum anderen Integrationsprojekte für die Leistungsfähigeren.[16]

3.2 Vorteile für alle Beteiligten

3.1.2 Vorteile für Arbeitnehmer

Eine Anstellung in einem Integrationsprojekt bedeutet für die Arbeitnehmer ein Zugewinn an Selbstbewusstsein, Freiheit und Selbstständigkeit. Diese drei Aspekte bieten den Menschen mit einer Behinderung sich im Arbeitsleben zu integrieren und zu zeigen was sie trotz ihres Handicaps meistern und erreichen können. Die Chance ihr eigenes Geld zu verdienen und somit am alltäglichen Leben teilhaben zu können. Das Zusammenarbeiten und das Zufriedenstellen der Kunden erhöht das Bewusstsein für einander und zeigt die unterschiedlichen Perspektiven auf. Arbeitnehmer erhalten einen Tariflohn und haben reguläre sozialversicherungspflichtige Arbeitsverhältnisse. In dem Betrieb werden sie als gleichberechtigte Mitarbeiter angesehen und haben die gleichen Rechte und Pflichten wie nichtbehinderte Mitarbeiter.

„Die Erfahrung zeigt, dass geistig behinderte Menschen vielfach hoch motiviert und zuverlässig arbeiten, wenn bestimmte Voraussetzungen erfüllt sind, z.B.:

- es sollte einen festen Ansprechpartner im Betrieb geben, mit dem die Arbeit wie auch die betrieblichen Angelegenheiten besprochen werden können

- die betrieblichen Aufgaben sollten zeitlich, räumlich und vom Ablauf her klar definiert sein. Überschaubare Routinetätigkeiten eignen sich besonders gut.

---

[14] Vgl. Adloch, U.; Ernst, K.; Dr. Seel, H.; Kuhlmann, E.; Wallmann, P., 2008 S. 259
[15] Vgl. Stadler, Peter; Gredig, Christian, 2005, S. 17
[16] Vgl. Stadler, Peter; Gredig, Christian, 2005, S. 14

Integrationsprojekte

Positionierung auf dem Arbeitsmarkt und Gegenüberstellung von Vor- und Nachteilen für
Arbeitnehmer, Arbeitgeber und den Staat

- Arbeitsaufgaben sollten – mit entsprechender Hilfestellung – so lange eingeübt werden bis der Arbeitnehmer sie verstanden hat
- Dem Mitarbeiter sollten soziale Kontakte im Arbeitsumfeld ermöglicht werden
- Der Arbeitsplatz sollte keinen größeren Gefahrenquellen bergen, da diese möglicherweise nicht als solche erkannt werden"[17]

Denn der Arbeitsplatz ist das was uns am meisten prägt – jeder Mensch sieht in der Arbeit einen grundlegenden Bestandteil seines Lebens. Ebenso wird durch die Integration am Arbeitsplatz ein Grundstein für die Einbeziehung in die Gesellschaft gelegt.[18]

3.2.2. Vorteile für Arbeitgeber

Der größte Vorteil für den Arbeitgeber ist was die Zusammenarbeit mit Menschen mit einer Behinderung ausmacht – dies kann nicht in Zahlen ausgedrückt werden, sondern nur in Qualität.

Als Arbeitgeber eines Integrationsprojekts muss man häufig gegen Vorurteile ankämpfen, wie zum Beispiel, dass man Subventionen vom Staat bekommt. Dies stimmt aber nicht, denn es handelt sich um einen Nachteilsausgleich nach SGB III und SGB IX, die jedem anderen Arbeitgeber ebenfalls zusteht, wenn er die in Punkt 2.3.1 aufgeführte Beschäftigungsquote erfüllt.[19]

„Als Unternehmen des allgemeinen Arbeitsmarktes werden sie von ihren Gesellschaftern und Eignern in eigener unternehmerischer Verantwortung geführt. Jede Form öffentlicher Unterstützung dient nicht dem Ausgleich unternehmerischer Risiken, sondern einem fairen Ausgleich der Nachteile, die durch die besondere Struktur der Belegschaft entstehen."[20]

Ebenso kann bezeugt werden, dass die Beschäftigung von Menschen mit Behinderung keinesfalls negativ auffällt, denn die Leistungsfähigkeit und Einsetzbarkeit eines Menschen mit einer Behinderung hängt im Wesentlichen nur von der einzelnen Situation im Betrieb und des Arbeitsplatzes ab.[21]

Inzwischen hat sich das Bild schon etwas gewandelt und Integrationsprojekte werden mehr und mehr als vollwertige Partner der sonstigen Wirtschaft anerkannt bzw. akzeptiert.[22]

---

[17] Vgl. Adloch, U.; Ernst, K.; Dr. Seel, H.; Kuhlmann, E.; Wallmann, P., 2008 S. 139
[18] Vgl. Schmidt-Zadel, Regina, 2005, S. 7
[19] Dönges, Natascha; Gräßler, Rocco; Stadler, Peter; 2007, S. 5
[20] Stadler, Peter; Gredig, Christian, 2005, S. 9
[21] Vgl. Schmidt-Zadel, Regina, 2005, S. 7
[22] www.werkstaettentag.bagwfbm.de/download/ReferatPeterBaumotte.pdf

Integrationsprojekte
Positionierung auf dem Arbeitsmarkt und Gegenüberstellung von Vor- und Nachteilen für
Arbeitnehmer, Arbeitgeber und den Staat

Integrationsprojekte sind rechtlich selbstständig, werden aber meistens als gGmbH geführt, denn auch hier gibt es Vorteile für den Arbeitgeber – man zahlt bei Abgabe an Endverbraucher nur 7 % statt 19 % Umsatzsteuer und sie sind von Gewerbe- und Körperschaftssteuer befreit. [23]

3.3.3 Vorteile für den Staat

Menschen mit einer Behinderung gehören zu den sogenannten benachteiligten Gruppen in unserem Staat, denn gerade im Bereich der Arbeit, die einen großen Anteil in unserem Leben einnimmt, fällt es Ihnen schwer eine Anstellung auf dem ersten Arbeitsmarkt zu finden. Dies gelingt in den meisten Fällen nicht ohne Hilfe des Staates. Dieser entwickelte verschiedene Maßnahmen zur Eingliederung von Menschen mit einer Behinderung, um Ihnen diesen Einstieg zu erleichtern. Der lange Zeit vorherrschende Fürsorge-Gedanke wich einer Vorstellung des selbstbestimmten Menschenbildes mit individuellen Ansprüchen und Rechten. Im Vordergrund dabei steht Integration, heute schon eher der Inklusion – also dem Willen der Einbeziehung, in alle Teile des gesellschaftlichen Lebens, im Besonderen auch in das Arbeitsleben. [24]

Ein weiterer Vorteil für den Staat ist, dass durch diese Eingliederungsmaßnahmen die Arbeitslosenquote sinkt, denn aufgrund der Einstellung von Menschen mit einer Behinderung in einem Integrationsprojekt, verschwindet diese aus der Statistik.

Zudem ist es für den Staat viel kostengünstiger, wenn Menschen mit einer Behinderung in einem Integrationsprojekt angestellt sind. Folgende zwei Tabellen sollen als Beispiel aufzeigen, welche Kosten entstehen bzw. gespart werden können:

---

[23] Vgl. Stadler, Peter; Gredig, Christian, 2005, S. 15
[24] Vgl. Schmidt-Zadel, Regina, 2005, S. 7

Positionierung auf dem Arbeitsmarkt und Gegenüberstellung von Vor- und Nachteilen für

Arbeitnehmer, Arbeitgeber und den Staat

1. Vergleich von Integrationsprojekt und Werkstatt für Menschen mit einer Behinderung

	Integrationsprojekt	*WfbM-Platz*
Bund	123,00	-324,00
Land	77,00	-628,00
Ausgleichsabgabe	-993,00	0
Kommunen	47,00	-632,00
Abgaben		
-Rentenversicherung	276,00	377,00
-Krankenversicherung	226,00	77,00
-Arbeitslosenversicherung	92,00	0
Gesamtfiskalisch	**-152,00**	**-1130,00**

Die Zahlen wurden aus einer Studie aus Rhein-Land-Pfalz, 2005 entnommen, zur Veranschaulichung gerundet und sollen nur als Beispiel genannt werden.[25]

2. Volkswirtschaftlicher Gewinn bei folgender Situation – Allein stehenden Person mit Steuerklasse 1 rechnet kommt man auf folgendem volkswirtschaftlichen Gewinn:

	100 %-Anstellung	50 %-Anstellung
Bruttopersonalkosten (AG):	35.608 €	17.804 €
Sozialversicherungsbeiträge:	12.360 €	6.179 €
Lohnsteuer:	5.084 €	964 €
Zuschussquote (ca. 30%):	10.682 €	5.341 €
Volkswirt. Gewinn:	**6.762 €**	**1.802 €**

Daten aus einem Vortrag bei den Werkstättentagen entnommen, im Jahr 2004[26]

Wie man anhand den beiden Beispielen sehen kann, ist wirtschaftlich betrachtet, das Integrationsprojekt wesentlich kostengünstiger – zudem fließen die Sozialabgaben ja auch wieder an den Staat zurück und somit in das Solidarsystem.[27]

Wie bereits in Punkt 2.1 erwähnt wollen Integrationsprojekte nicht als „Behinderten-Projekte" angesehen werden, sondern wollen als „normale Betrieb" am Markt bestehen. Hier entscheiden Angebot und Nachfrage über den Preis und die Zufriedenheit der Kunden. Der Staat kann die Verantwortung der Fürsorge abgeben und durch Schaffung weiterer Integrationsprojekte das Denken der Bevölkerung ändern und zu einem Miteinander von Menschen mit und ohne Behinderung beitragen.

---

[25] www.masfg.rlp.de/Soziales/Dokumente/Behinderte_Menschen/Studie_Arbeit.pdf
[26] www.werkstaettentag.bagwfbm.de/download/ReferatPeterBaumotte.pdf
[27] www.masfg.rlp.de/Soziales/Dokumente/Behinderte_Menschen/Studie_Arbeit.pdf

4. Fazit

Nun stehen Vor- und Nachteile gegenüber. Es wurde deutlich, dass die Vorteile für eine Beschäftigung in einem Integrationsprojekt überwiegen. Wirtschaftlich und sozial sprechen viele Punkte dafür. Zudem konnte aufgezeigt werden, dass Integrationsprojekte kein subventioniertes, non-profit Unternehmen sein sollen, sondern dass sie auf dem ersten Arbeitsmarkt angesiedelt sind und sich dort bewähren müssen.

Das Thema der Integrationsprojekte beschäftigt mich schon über einen längeren Zeitraum. Am Anfang stand zum Abschluss meines Sozialpädagogik-Studium meine Diplomarbeit mit dem Thema » Integrationsprojekte – Eine Arbeitsalternative und Integrationschance für Menschen mit einer Behinderung«. Aufgrund der intensiven Beschäftigung mit diesem Thema habe ich den Entschluss gefasst, eine gastronomische Ausbildung zu machen, um anschließend beiden Ausbildungen in einem Integrationsprojekt zu verbinden. Seit 2009 arbeite ich in einem solchem Integrationsprojekt in Kirchzarten.

Aus der Praxis kann ich all die aufgeführten Punkte bestätigen und wünsche mir noch mehr solche Projekte und auch ein wachsendes Bewusstsein für Menschen mit einer außergewöhnlichen Begabung – denn wie man so schön sagt: „wo ein Wille da ein Weg" und das wird in vielen Fällen bestätigt.

Mein Ziel ist es ein weiteres Integrationsprojekt zu eröffnen, um noch mehr Menschen mit und auch ohne Behinderung die Chance zu geben, diese tollen Erfahrungen zu machen. Gerade die Gespräche „hinter den Kulissen" sind die, die mich jeden Tag stärken den Gedanken weiter aus zuführen. Ein Beispiel aus der Praxis:

– den ganzen Abend werden Gäste von einem meiner Kollegen,

der nicht lesen, nicht schreiben, nicht rechnen kann bedient,

man merkt, dass die Gäste stutzig werden und immer mal wieder

„helfen" müssen, in dem Sie Ihm z.B. die Nummer des Gerichtes

sagen müssen – am Ende kommen Sie auf mich zu und reden

mit mir über die tolle Atmosphäre, das Wohlfühlen und den

perfekten Ablauf und das alles trotz dem Handicap dieses

Mitarbeiters –

Genau das ist das oberste Ziel nach dem wir streben sollten, in dem wir mit solchen Projekten Normalität schaffen. Gegenüber Handicaps und dass wir Lernen gegenseitige Hilfe anzunehmen.

5. Interessante Links zu Integrationsprojekten

1. Gastronomie:

www.embrace-hotels.de (Verbund von Integrationsbetrieben)

www.hofgut-himmelreich.de (Hotel/Restaurant in Kirchzarten)

www.samocca.de (Café in Aalen)

www.restaurant-roemerhof.de (Restaurant, Gasthaus, Fremdenzimmer in Dangstetten)

www.hotel-anne-sophie.de (Hotel in Künzelsau)

2. IT-Branche:

www.intec.net (Entwicklung und Fertigung von Elektrotechnik)

3. Einzelhandel:

www.cap-markt.de (Supermarktkette in Deutschland)

4. Reinigungsunternehmen:

www.cariclean.de (Gebäudemanagement und Service in Herbolzheim)

5. Gartenarbeiten:

www.hausgarten.org (Gartenarbeiten in Kirchzarten)

KVJS:

www.kvjs.de

Integrationsämter:

www.integrationsaemter.de

Aktion Mensch Förderung:

http://foerderung.aktion-mensch.de/de/startseite/index.html

Integrationsprojekte
Positionierung auf dem Arbeitsmarkt und Gegenüberstellung von Vor- und Nachteilen für
Arbeitnehmer, Arbeitgeber und den Staat

6. Literaturverzeichnis

ADLOCH, Ulrich; Ernst, Karl-Friedrich; Dr. Seel, Helga; Kuhlmann, Eva-Maria; Wallmann, Petra; ABC Behinderung & Beruf – Handbuch für die betriebliche Praxis – 3. Überarbeitete Ausgabe – Wiesbaden, 2008

DÖNGES, Natascha; Gräßler, Rocco; Stadler, Peter; Hotellerie – Praxiserfahrungen und Branchenwissen für Gründer/innen und Gründer Sozialer Unternehmen; FAF gGmbH – Berlin, 2007

ERNST, Karl-Friedrich und Wolf, Sabine; BIH - Bundesarbeitsgemeinschaft der Integrationsämter und Hauptfürsorgestellen Jahresbericht 2008/2009 Hilfen für schwerbehinderte Menschen im Beruf – Karlsruhe, 2009

http://de.wikipedia.org/wiki/Erster_Arbeitsmarkt zugegriffen am 19.11.2010 um 16.50 Uhr

http://foerderung.aktion-mensch.de/de/startseite/index.html zugegriffen am 20.11.2010 um 11.00 Uhr

KLEUSCH, Monika; Kommunalverbund für Jugend und Soziales; KLEUSCH, Monika; Finanzielle Förderung und fachliche Beratung für Arbeitgeber – 5. Aufl. – Stuttgart, 2009

KLEUSCH, Monika; Kommunalverbund für Jugend und Soziales; Ratgeber Integrationsunternehmen, Aufbau, Ausstattung und Ausbau – Stuttgart, 2005

SCHMIDT-ZADEL, Regina; Die Entwicklung von Integrationsfirmen – Ein Kompendium für Soziale Unternehmer/innen: Grußwort – 1. Auflage – Berlin, 2005

SOZIALGESETZBUCH IX (SGB IX): Rehabilitation und Teilhabe behinderter Menschen – Integra, Print Service Walldorf, 2004

STADLER, Peter; GREDIG, Christian; Die Entwicklung von Integrationsfirmen – Ein Kompendium für Soziale Unternehmer/innen: Über dieses Buch – 1. Auflage – Berlin, 2005

www.arbeitsagentur.net/Arbeitsmarkt/arbeitsmarkt.html zugegriffen am 19.11.2010 16.45 Uhr

www.masfg.rlp.de/Soziales/Dokumente/Behinderte_Menschen/Studie_Arbeit.pdf zugegriffen am 19.11.10 um 19.30 Uhr

www.werkstaettentag.bagwfbm.de/download/ReferatPeterBaumotte.pdf zugegriffen am 22.11.2010 um 10.00 Uhr